La Historia de la Creación

JANE RAY

SEGÚN EL GÉNESIS

Dutton Children's Books · New York

Para mi madre y padre

El texto ha sido tomado del Génesis,
de La Biblia, Ediciones Paulinas, Madrid, España, 1974.

Derechos © 1992 de Jane Ray
Todos los derechos son reservados. CIP Data disponible.
Publicado por primera vez en los Estados Unidos 1993 por
Dutton Children's Books, una división de Penguin Books USA Inc.
375 Hudson Street, New York, New York 10014
Publicado originalmente en Gran Bretaña 1992
por Orchard Books. Impreso en Bélgica.
Edición en inglés disponible
PRIMERA EDICIÓN AMERICANA
ISBN 0-525-45055-6
2 4 6 8 10 9 7 5 3 1

Esta es una historia acerca de la creación del mundo.

La tierra estaba desierta y sin nada;

las tinieblas cubrían los abismos.

Y el espíritu de Dios aleteaba sobre la superficie de las aguas. Dijo Dios: «Haya luz,» y hubo luz.

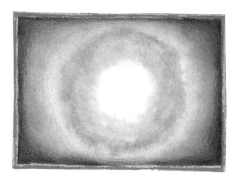

Dios vio que la luz era buena y la separó de las tinieblas. Dios llamó a la luz "Día" y a las tinieblas "Noche." Y atardeció y amaneció el día Primero.

DÍA

NOCHE

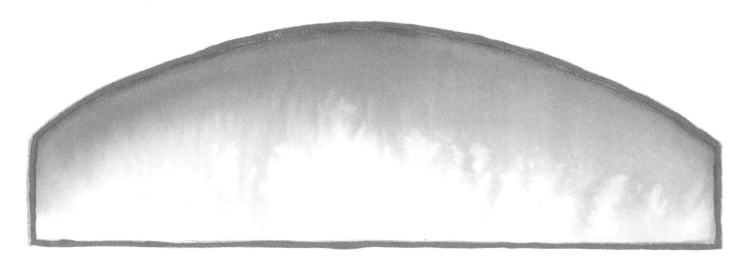

Dijo Dios: «Haya un firmamento en medio de las aguas.» Hizo Dios el firmamento separando a unas aguas de otras. Y Dios llamó al firmamento "Cielo." Y atardeció y amaneció el día Segundo.

 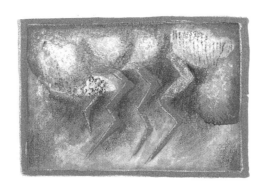 

Dijo Dios: «Júntense las aguas de debajo de los cielos en un solo lugar y aparezca el suelo seco.» Y así fue.

Dios llamó al suelo seco "Tierra" y a la masa de agua "Mares." Y vio Dios que todo era bueno.

Dijo Dios: «Produzca la tierra pasto y hierbas que den semilla y árboles frutales que den sobre la tierra fruto según la especie de cada uno.» Y así fue.

Y la tierra produjo pasto y hierbas que dan semillas según su especie, y árboles frutales que dan fruto según su especie. Y vio Dios que esto era bueno. Y atardeció y amaneció el día Tercero.

MARZO	ABRIL	MAYO	JUNIO	JULIO	AGOSTO

PRIMAVERA

VERANO

Dijo Dios: «Haya lámparas en el cielo que separen el día de la noche. Sirvan
de signos para distinguir tanto las estaciones como los días y los años.»
Hizo, pues, Dios dos grandes lámparas, una grande para presidir el día y
otra más chica para presidir la noche; también hizo las estrellas.

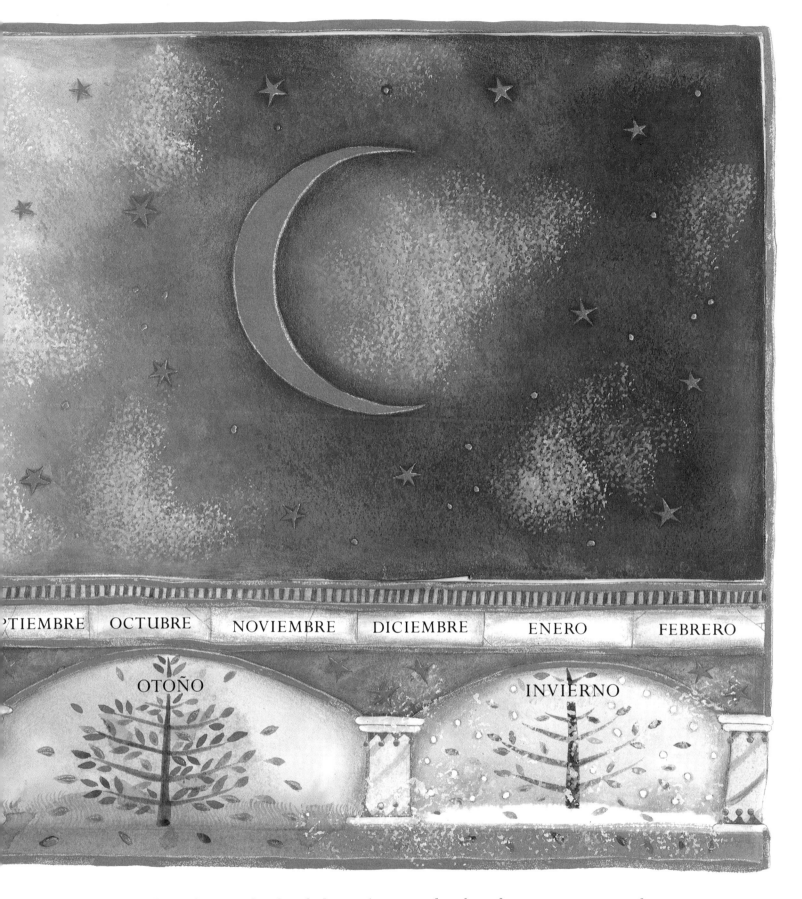

SEPTIEMBRE   OCTUBRE   NOVIEMBRE   DICIEMBRE   ENERO   FEBRERO

OTOÑO   INVIERNO

Dios las colocó en lo alto de los cielos para alumbrar la tierra, para mandar al día y a la noche, y separar la luz de las tinieblas. Y vio Dios que esto era bueno. Y atardeció y amaneció el día Cuarto.

Dijo Dios: «Llénense las aguas

de seres vivientes.»

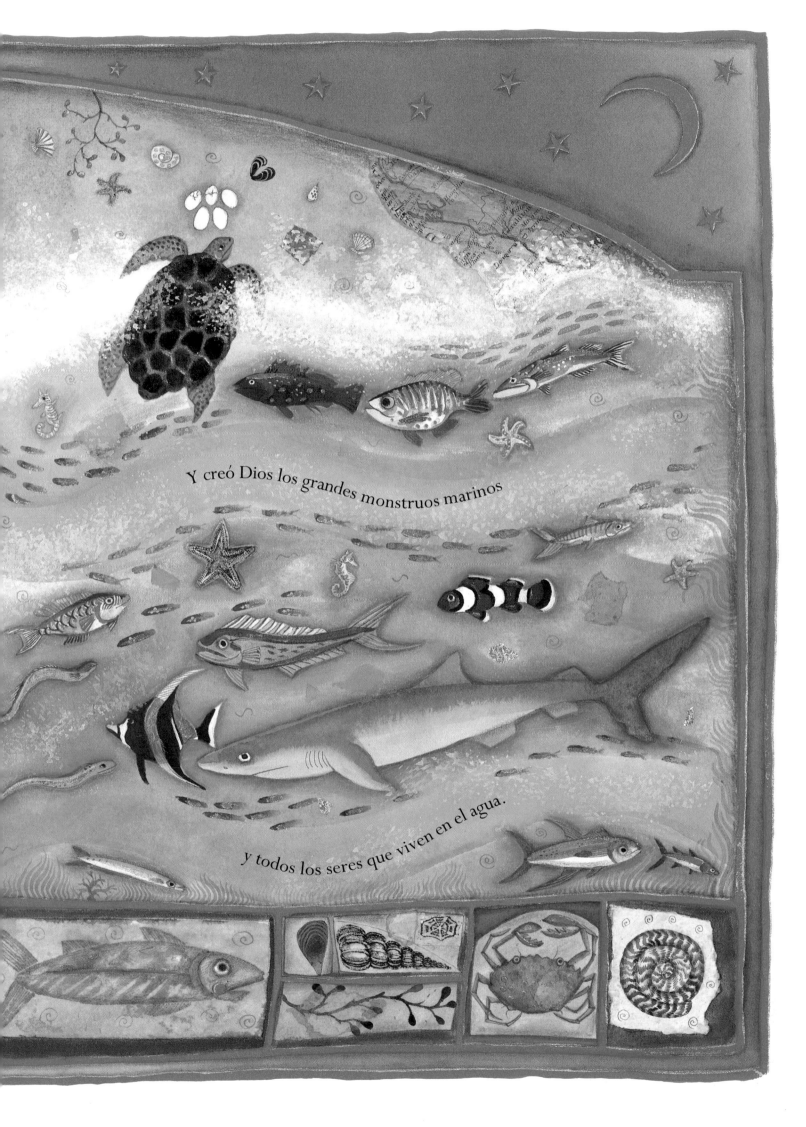

Y creó Dios los grandes monstruos marinos

y todos los seres que viven en el agua.

Y vio Dios que estaba bien. Los bendijo Dios, diciendo: «Crezcan, multi-plíquense, y llenen las aguas del mar.»

Dijo Dios: «Revoloteen aves sobre la tierra y bajo el firmamento.»

Y creó Dios todas las aves.

Y vio Dios que estaba bien. Los bendijo Dios,

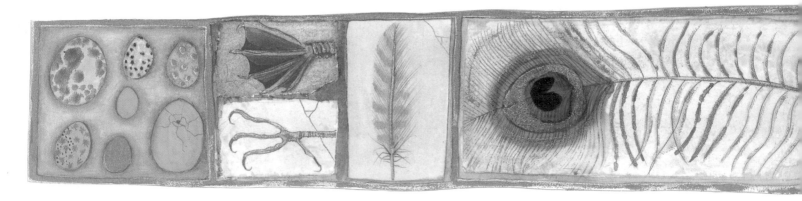

diciendo: «Multiplíquense asimismo las aves en la tierra.»

Y atardeció y amaneció el día Quinto.

Dijo Dios: «Produzca la tierra

animales vivientes, de diferentes especies,

bestias, reptiles, y animales salvajes.»

Y así fue. E hizo Dios las distintas clases de animales salvajes, de bestias, y de reptiles.

Y vio Dios que esto era bueno.

Dijo Dios: «Hagamos al hombre y a la mujer a nuestra imagen y semejanza. Que manden a los peces del mar y a las aves del cielo, a las bestias, y a los reptiles que se arrastran por el suelo.»

Y creó Dios al ser humano a su imagen; macho y hembra los creó.

Dios los bendijo, diciéndoles: «Sean fecundos y multiplíquense. Llenen la tierra y sométanla. Manden a cuanto animal viva en la tierra.»

Vio Dios que todo cuanto había hecho era muy bueno. Y atardeció y amaneció el día Sexto.

Así fueron hechos el cielo y la tierra y todo lo que hay en ellos. Dios terminó su trabajo el Séptimo día y descansó en este día.

Y esta es una historia acerca de la creación del mundo.

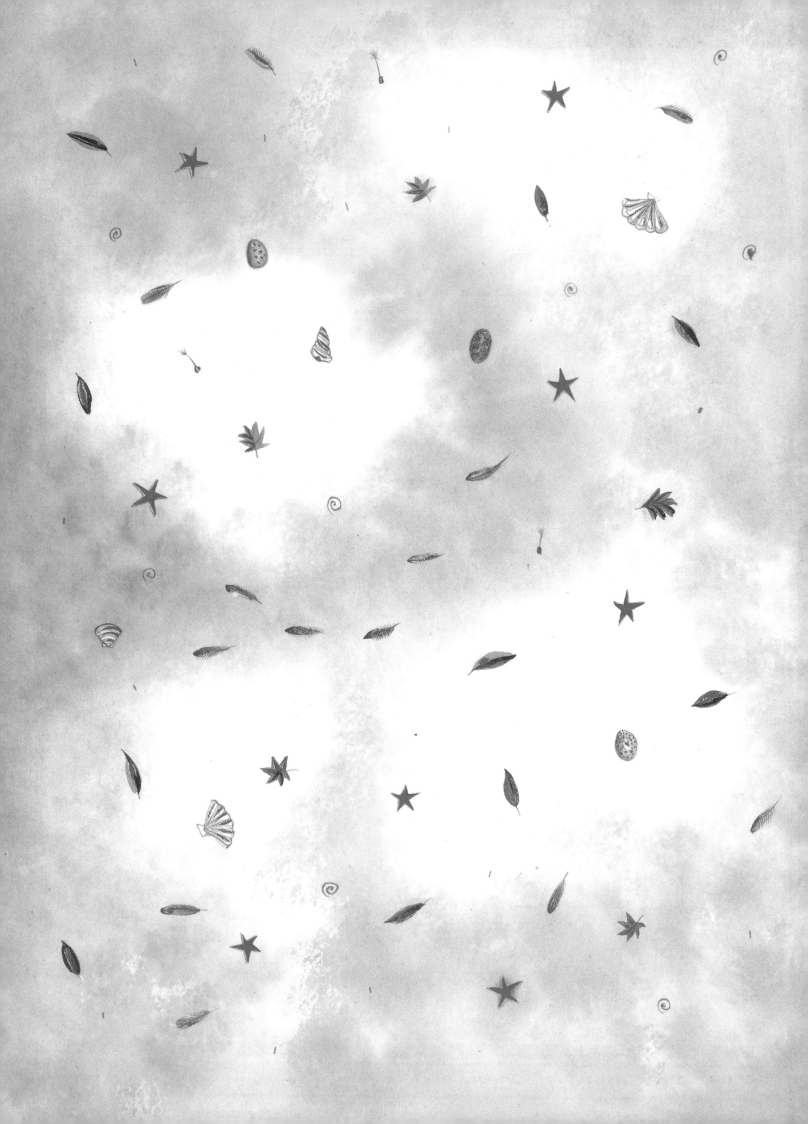